MON CAHIER D'ÉVEIL SPIRITUEL

CRISTAUX

W0417205

Dans la même collection

Cahier d'éveil spirituel – Ancrage, SandyTatoo.2.0, 2022.
Cahier d'éveil spirituel – Tarot, Caroline Drogo, 2022.
Cahier d'éveil spirituel – Énergies, Hadda Djeribi, 2022.

Textes : © Johann Chevillard.
Illustrations : © Marius Heureux.
Photographies : © Johann Chevillard : p. 8, 19, 24, 28, 32, 109, 124.
© Shutterstock : p. 108 : Alexei A ; p. 112, 117, 121 ; 126, 128 : vvoe ; p. 113 : PicksArt ; p. 116 : Alpha2473 ; p. 118 ; p. 120 : Sara Ganzi ; p. 129 : Andres Sonne ; p. 130 : J. Palys ; p. 131 : Mehmet Gokhan Bayhan ; p. 133 : Minakryn Ruslan ; p. 134 : olpo.
© Istock : p. 110 : Minakryn Ruslan, p. 122 : VvoeVale.
© Adobe Stock : p. 114 : Minakryn Ruslan ; p. 125 : vvoe.
Création maquette et mise en pages : Bénédicte Souffrant – PCA-CMB.

ISBN : 978-2-36188-568-7

www.editions-tredaniel.com
info@guytredaniel.fr
www.facebook.com/editions.tredaniel
@tredaniel_eso
@editions_exergue

MON CAHIER D'ÉVEIL SPIRITUEL

CRISTAUX

Johann CHEVILLARD
Illustré par Marius HEUREUX

ÉDITIONS
EXERGUE
27, rue des Grands-Augustins
75006 Paris

SOMMAIRE

LA LITHOTHÉRAPIE OU ACCOMPAGNEMENT AVEC LES PIERRES

MES RESSENTIS AVEC LES PIERRES

21 FICHES ET PROPOSITIONS D'EXERCICES

Bienvenue dans ton cahier d'éveil spirituel dédié aux pierres et aux cristaux !

Ce cahier t'appartient, tu es donc libre d'y inscrire tout ce que tu souhaites, ressens, vis, expérimentes en laissant aller les mots sur le papier sans crainte.

Je souhaite que ce cahier t'accompagne dans ton quotidien avec les pierres, qu'il te serve d'appui dans ta pratique. En notant tes ressentis et tes sensations, tu verras à quel point les pierres sont de fantastiques alliées dans ta progression personnelle et spirituelle.

Avant de te laisser écrire tout ce que tu souhaites dans le cahier, je te propose une introduction à la lithothérapie afin d'avoir quelques bases nécessaires. Tu trouveras des propositions pour remplir ce cahier avec une méthode assez simple et des stickers de suivi émotionnel. Ces stickers sont un très bon moyen pour avoir une vue d'ensemble sur ton cheminement avec une pierre pendant une période donnée.

Des fiches et des propositions d'exercices te donneront des exemples de ce qu'il est possible de faire avec les pierres. Bien sûr, cela reste des propositions, sens-toi libre de les adapter à tes préférences. Le plus important pour moi est que tu fasses tes expériences, que tu utilises tes mots et que tu en tires tes propres conclusions. C'est ce qui fait toute la différence, et qui te permettra d'en faire une pratique vraiment personnelle et unique.

Puissent les pierres et les cristaux devenir les accompagnateurs de ton cheminement intérieur.

Bonne lecture et bonne pratique !

Johann

LA LITHOTHÉRAPIE OU ACCOMPAGNEMENT AVEC LES PIERRES

LA LITHOTHÉRAPIE, COMMENT EST-CE QUE...

... Ça fonctionne ?

Quand on en entend parler pour la première fois, ça surprend toujours un peu ! Comment de simples pierres pourraient nous aider à dynamiser notre énergie ? Elles sont très tendance, et on les voit un peu partout sur Internet et en boutique. Pour les comprendre, il suffit de revenir à la base et de faire simple !

Notre univers s'est composé en premier lieu de roches. Elles sont présentes partout et constituent la base de la vie. Sur Terre, en plus de quatre milliards d'années, sous l'effet des volcans, de la chaleur, de la pression et du temps, une multitude de roches (ensemble de minéraux) et de minéraux (composition chimique bien précise) se sont formés. On en dénombre environ 5 500 aujourd'hui et on continue chaque année à en découvrir. La minéralogie n'est pas une science morte ! Certaines informations et clarifications apparaissent régulièrement grâce notamment aux progrès technologiques. Par exemple, l'espèce psilomélane a été abandonnée, car elle a été reconnue comme étant constituée d'autres minéraux. Cependant, on trouve encore son nom dans de nombreuses boutiques[1].

---

1. Voir le livre de François Farges, *À la découverte des minéraux et pierres précieuses*, Dunod, 2018.

Les pierres ont un énorme avantage: elles ont une énergie stable, contrairement aux plantes par exemple. Une fois sortie de terre, l'énergie de la pierre restera sensiblement la même (il faut bien sûr tenir compte de son environnement qui va grandement l'influencer). Si l'on part du principe que tout ce qui est présent sur cette terre constitue une énergie, alors les pierres elles aussi ont leur fréquence particulière. Celle des minéraux est très lente, stable: son rythme énergétique est bien particulier et ne se compare pas à une énergie humaine. Voilà pourquoi quand j'entends dire qu'une pierre souffre lors de son extraction ou qu'elle garde des traumatismes lorsqu'elle est percée, je dis toujours non! Une pierre a simplement besoin de temps et de purification (nous y reviendrons), mais en aucun cas elle ne garde de souvenirs de cette expérience. Tout est énergie oui, mais tout vibre à des fréquences différentes. Sans pierres, pas de vie possible. Qu'y a-t-il de si fou à penser que les pierres aient des énergies quand on sait que la planète Terre est une boule d'eau et de roches qui tourne autour d'un soleil en fusion, le tout dans une danse synchronisée dans l'univers à une vitesse vertigineuse? Si je crois en la science et en ses avancées, beaucoup de choses invisibles sont encore à explorer.

Une pierre est ainsi un élément avec une composition chimique précise, une dureté, un système cristallin, une couleur et un principe de formation. Chacun de ces éléments va influencer directement l'énergie de la pierre. Normalement, quand tu lis un livre de lithothérapie avec des fiches de propriétés, l'auteur se base (ou s'est renseigné) sur ces éléments pour en tirer des propriétés énergétiques. On peut aussi noter et compiler des informations sur des utilisations répétées d'une pierre pour mieux la connaître. On peut aussi faire appel à son intuition et à d'autres capacités extrasensorielles pour affiner le travail, mais une base de minéralogie est toujours la bienvenue pour ne pas partir dans tous les sens! Sois toujours vigilant quand tu entends parler d'une nouvelle pierre « rare et extraordinaire » avec une longue liste de propriétés énergétiques fourre-tout qui travaille sur tous les plans, c'est plutôt mauvais signe. Autre chose importante, les propriétés énergétiques ne sont pas fixes ! Elles dépendent surtout de toi et de tes ressentis. Rien n'est gravé dans le marbre. Ne laisse personne te faire croire qu'une pierre a telle ou telle propriété et que c'est acquis. Tu auras l'occasion de le voir dans ta pratique avec les pierres, une même pierre te fera découvrir des sensations très différentes suivant ton état du moment. Ce qui compte, c'est bien ton énergie, ton ressenti avec les pierres et ce que tu en conclus. Les livres de propriétés sont là pour te guider, mais ne t'attends pas à ressentir exactement ce que tu as lu. On a souvent trop tendance à vouloir ressentir ce qui est écrit dans les livres, alors qu'en réalité le plus intéressant est ce que tu vas vivre vraiment avec la pierre. Enfin, tu le verras dans la dernière partie du cahier : je préfère utiliser peu de mots pour parler d'une pierre afin que tu puisses faire ta propre expérience sans trop d'influences, c'est la meilleure voie selon moi ! Mon objectif a toujours été le même : des informations claires, précises et courtes pour que tu puisses rapidement passer à l'expérimentation.

La lithothérapie peut ainsi intervenir dans tous les domaines de notre vie qui ont besoin de soutien ou d'amélioration. C'est bien là ce qui est merveilleux avec les pierres : suivant ce que l'on recherche, on trouvera toujours une pierre bien précise pour nous accompagner. Un besoin de tonus pour tenir le coup dans une situation difficile ? L'œil de fer peut être la clé. Des idées floues et un besoin de faire le point ? On peut alors se tourner vers la sodalite ou le cristal de roche selon nos affinités. Un lithothérapeute avec de l'expérience et du savoir saura te guider très précisément vers la pierre la plus adaptée à ta demande. Dans ce domaine, il est difficile de faire des généralités et je considère qu'il n'y a que des cas particuliers, car nous sommes toutes et tous différents. Les pierres sont donc un appui énergétique temporaire pour nous écouter et nous connaître toujours un peu plus. Elles révèlent nos potentiels en entrant en contact avec nos énergies. C'est une rencontre entre l'énergie de la pierre et la tienne à chaque fois que tu en portes une. On peut les arborer de différentes manières, ce que l'on verra un peu plus loin.

La lithothérapie ne remplacera jamais un avis médical et n'est en aucun cas une baguette magique ! Ce n'est pas la pierre qui fait le travail à ta place, mais c'est bien un outil, un appui, en plus d'une prise en main personnelle sur un sujet précis. On ne peut pas demander à une seule pierre de réduire notre fatigue si celle-ci est chronique. En complément d'un traitement adapté, le grenat, par exemple, peut aider le corps à conserver son tonus grâce à l'information énergétique qu'il contient. Les interactions avec le corps sont très limitées. Une pierre ne se dissout pas sur la peau : aucun oligoélément ne peut passer au travers de cette barrière. C'est bien la vibration de la pierre qui entre en jeu. Comme je le dis souvent, les pierres ne sont pas une ordonnance avec un dosage précis. C'est un apport d'énergie supplémentaire qui doit accompagner une volonté, une envie, un objectif. Si l'on présente une grande fragilité psychologique ou une maladie particulière, il me semble alors important de se faire accompagner par des spécialistes afin d'éviter les mauvaises interactions.

... Je choisis ma pierre ?

On peut le dire tout de suite : il existe plusieurs approches pour choisir sa pierre. Au fur et à mesure de tes expériences, ta façon de choisir tes pierres va évoluer, certaines méthodes répondront plus à tes besoins et à tes affinités personnelles. Dans tous les cas, il n'y a pas de bonne ou de mauvaise manière de les choisir, il est simplement important de garder à l'esprit que tu es unique et que ce qui te convient n'est peut-être pas ce qui convient à ton voisin ou à ta voisine.

Si tu fais tes débuts en lithothérapie, te faire accompagner par un lithothérapeute ou un vendeur qualifié est une bonne idée. Après tout, pourquoi se passer des précieux conseils des personnes compétentes ? Elles sont là pour ça ! La personne devra obligatoirement t'écouter, te poser des questions, creuser et choisir la ou les pierres qui lui semblent le plus juste pour toi, là, maintenant. Si tu demandes une pierre pour le stress et qu'on te propose directement et sans hésitation une améthyste, il peut alors être utile de demander des explications précises. L'écoute reste la clé de voûte dans une démarche de mieux-être, quelle que soit sa forme. Tu peux aussi poser des questions à la personne qui te conseille sur sa façon de voir la lithothérapie, la provenance de ses pierres, etc. On trouve de tout dans les boutiques et sur Internet, de la très belle qualité comme le pire de ce qui peut exister. En testant plusieurs boutiques, tu apprendras rapidement à trouver des repères. Les prix dépendent évidemment de la qualité de la pierre. Une émeraude brute peut valoir quelques euros alors qu'une émeraude gemme (type bijouterie) atteindra facilement les milliers d'euros. Inutile de te ruiner, une petite pierre roulée de trois centimètres est déjà très bien pour commencer ! On ne peut pas t'imposer des pierres dont les premiers prix sont aux alentours de 300 euros, encore une fois, renseigne-toi et reste vigilant. J'attire simplement ton attention ici sur le fait qu'actuellement, avec l'intérêt grandissant des pierres et l'augmentation des prix du transport, les prix des pierres ont tendance à grimper. La lithothérapie est un marché parmi tant d'autres et il n'échappe pas à la règle.

Ce que je te conseille avant tout, c'est de prendre le temps de bien t'écouter et de définir tes besoins pour choisir une pierre. Cela sera pertinent et efficace. Prendre le temps de t'écouter dans le calme et le silence en te posant des questions sera une clé importante pour un bon « travail » avec ta pierre. C'est toujours ce que je préconise quand on me demande comment choisir une pierre. Se poser des questions, creuser, affiner jusqu'à mettre le doigt sur le besoin émergent. Tu trouveras des indications un peu plus loin dans la partie « Comment est-ce que... J'utilise ce cahier ? » grâce aux indications que je te donne et un tableau pour te guider.

Notre intuition peut aussi nous aider à choisir des pierres qui nous correspondent, mais ce n'est pas une règle absolue et valable pour tout le monde ! Pourquoi ? Parce que lors du choix d'une pierre, ce n'est pas forcément l'intuition qui nous guide, contrairement à ce que l'on voudrait nous faire croire. Le mental et l'inconscient sont très forts pour nous laisser dans notre zone de confort, et souvent ce sont eux qui nous poussent à choisir des pierres « faciles » qui nous font du bien sans bousculer un peu nos habitudes. L'intuition se développe et s'affine avec la pratique, le temps et une bonne connaissance de soi. Une pierre qui nous attire directement, par intuition, n'est donc pas forcément celle qui nous convient. Tu verras que souvent les pierres qui ne nous plaisent pas sont celles qui nous feront le plus avancer. Bien sûr, nos pierres coups de cœur et chéries sont à conserver pour les moments où l'on a besoin d'être rassuré. Avec ce cahier, tu vas prendre le temps de t'écouter, de noter tes ressentis, de prendre confiance en toi, et donc, naturellement, ton intuition va s'affiner. Ainsi, tu choisiras tes pierres naturellement en équilibrant écoute des besoins et intuition.

Tu peux aussi t'aider des couleurs pour choisir rapidement et facilement tes pierres. Chaque couleur te donne une indication sur le champ d'action de la pierre. Par exemple, les pierres orange apportent de la joie, plus de spontanéité et d'écoute du corps. C'est en lien avec le chakra sacré. En ayant quelques bases, tu pourras rapidement faire ton choix sans faire d'erreurs. Tu trouveras plus d'informations sur les couleurs dans mon livre *S'ouvrir à l'énergie des pierres*[1].

Tes affinités personnelles entrent également en compte dans le choix des pierres. Certaines personnes préfèrent porter des bracelets et d'autres des pendentifs, d'autres encore aiment les pierres brutes plutôt que les pierres polies. Il est très important d'écouter nos préférences naturelles et de ne pas se forcer à choisir un type de pierre, le travail n'en sera que plus naturel. L'écoute de soi et de nos préférences est indispensable, et personne ne peut faire ce choix pour toi. Quand bien même un lithothérapeute te conseillerait fortement une pierre sous une forme particulière, il ne pourrait te l'imposer si elle ne te convenait pas. Tu as toujours ton libre arbitre et le dernier mot dans l'histoire. Trouver un équilibre entre des choix parfois difficiles à faire et nos affinités avec les pierres peut demander un peu de temps. Oser s'aventurer avec de nouvelles pierres qui vont faire bouger les choses demande du courage ! C'est possible avec beaucoup de temps, de bienveillance, d'écoute et de respect de soi.

1. Johann Chevillard et Isabelle Cerf, *S'ouvrir à l'énergie des pierres*, Exergue, 2020.

... J'en prends soin ?

Tu as peut-être déjà entendu autour de toi des termes « purification » et « rechargement ». C'est normal, ce sont des étapes très importantes dans ta pratique avec les pierres, à ne pas négliger. Prends le temps de bien lire toutes les informations et de les intégrer afin de garantir une pratique saine en lithothérapie.

La purification consiste à retirer les charges énergétiques présentes dans la pierre. En effet, les pierres ont tendance à retenir les énergies dans leur maille interne (leur système cristallin, ce qui est vrai pour les pierres dites « amorphes », comme les opales ou les obsidiennes). Une pierre ne peut pas se charger indéfiniment et doit être purifiée régulièrement : tu es ainsi sûr de ne pas conserver d'énergies stagnantes qui ne t'appartiennent pas. Lors d'une dispute ou lorsque tu te rends dans des endroits énergétiquement instables, la pierre va se charger de certaines énergies qui vont entraver sa vibration naturelle. D'où l'importance de la purifier ! Toutes les pierres sans exception ont besoin d'être purifiées, car toutes les pierres sont de la matière qui emmagasine des énergies. Attention aux discours magiques qui te parlent de pierres miraculeuses capables de purifier et recharger d'autres pierres... Ça n'existe pas.

Le plus simple et le plus efficace : dépose du gros sel dans une coupelle, recouvre le sel d'un linge, étale tes pierres sur ce linge. Le sel va absorber toutes les énergies stagnantes. Au bout d'une heure environ (plus si les pierres sont très chargées), tu peux enlever les pierres et jeter le sel à la poubelle, ne le réutilise surtout pas ! Le sel est très efficace mais il peut être agressif sur certaines pierres. Avec le linge entre le sel et tes pierres, tu es certain de ne pas les abîmer. **Toutes les pierres (et tous les pendentifs, pendules...) peuvent se purifier avec cette méthode qui demande peu de temps et de contraintes. C'est pour cela que**

je te la recommande fortement. Évite de déposer tes pierres directement sur le sel qui pourrait rayer certaines pierres fragiles.

Tu peux aussi utiliser l'eau pour purifier tes pierres. L'avantage de l'eau est qu'elle purifie tes pierres en douceur. L'inconvénient est que c'est une purification légère qui ne convient pas à toutes les pierres. Utilise l'eau en mouvement (sous le robinet ou dans un petit cours d'eau naturel) plutôt qu'un verre d'eau dans lequel tu mets tes pierres, car en stagnant celle-ci accumule très vite les charges énergétiques. Cela devient alors rapidement une « soupe » d'énergies peu efficace.

Il est aussi possible d'utiliser certains encens comme la sauge blanche ou le benjoin pour purifier tes pierres, surtout les grosses pierres placées dans la maison qui sont plus délicates à manipuler. Il est alors nécessaire de bien entourer la pierre de fumée un long moment pour que cela soit efficace. Une minute de fumée de sauge autour d'une pierre ne fera pas grand-chose pour ces énergies ! Les encens en bâtonnet que l'on trouve partout ne contiennent pas assez de plantes pour être efficaces, préfère alors ceux fabriqués par des artisans avec des plantes bio.

Le son des bols tibétains et des bols de cristaux est aussi très efficace. Les fleurs de vie, coquilles Saint-Jacques et autres ondes de formes sont également très à la mode. En réalité, au-delà de leur esthétisme, leur intérêt énergétique est très limité sur les pierres. Ce n'est pas leur fonction première, et c'est surtout une énergie de croyances (égrégore) qui leur permet un peu d'efficacité. Autant se tourner vers le sel ou l'eau qui sont naturellement présents autour de nous.

Une fois tes pierres purifiées, il est également important de procéder à un rechargement de leurs énergies. Même si tu n'es pas obligé de les recharger tout de suite après les avoir purifiées, je te conseille de le faire immédiatement pour ne pas oublier.

Les recharger consiste à dynamiser un peu leur énergie naturelle avec une source énergétique extérieure. Les pierres se sont formées naturellement sous terre avec de la chaleur et de la pression. Elles ont ainsi une énergie stable et durable. Cependant, sur terre, elles évoluent dans un contexte et une énergie qui ne sont pas comparables. Les recharger va leur permettre de mieux s'adapter à l'énergie humaine et environnementale avec une réserve suffisante.

Le plus simple et le plus efficace: utilise la lumière douce le matin et le soir. Pas de soleil trop fort, simplement des rayons doux pour les dynamiser. Tu peux les exposer directement au soleil quand celui-ci est encore « doux » mais un contact indirect (par exemple un rebord de fenêtre ou lorsqu'il y a des nuages) est également suffisant. Laisse-les au moins 30 minutes, plus si tu peux, sans les oublier en plein soleil! La plupart des pierres supportent très bien ce type de rechargement. Même les pierres de couleurs claires s'adaptent bien à un rechargement solaire doux, à condition, encore une fois, de ne pas les mettre en plein soleil le midi!

On peut les dynamiser à la lune pour une énergie douce et plus intuitive. C'est possible mais plus contraignant. Aucune obligation de les mettre à la pleine lune. Quand celle-ci est à l'apogée de son cycle, son énergie est au maximum, donc pas forcément adaptée à un rechargement de tes minéraux. Si tes affinités vont vers ce type de rechargement, suis toujours ce qui te semble juste et pertinent. Je le rappelle, notre sensibilité personnelle est notre boussole et aussi un gage de respect de soi.

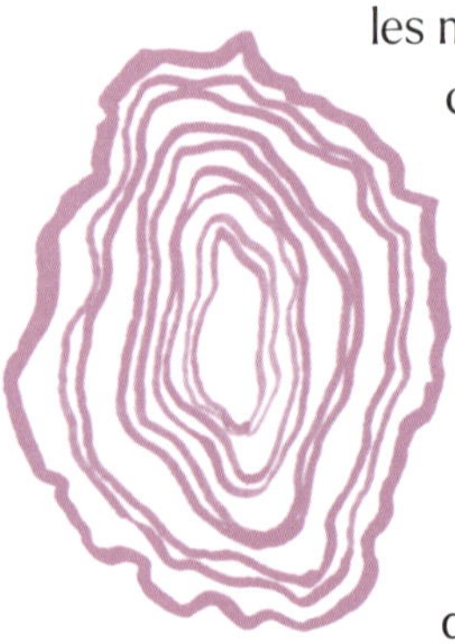

Enfin, les druses de cristal de roche sont parfaites pour dynamiser tes pierres! Quelques heures sont idéales pour les booster grâce au quartz, amplificateur d'énergie. Ce n'est pas le cas des druses d'améthyste qui, de par leur couleur violette, ont une énergie orientée. On teinte alors les pierres d'une énergie plus éthérée qui peut entrer en contradiction avec d'autres pierres, comme celles de couleurs foncées.

Pense à purifier tes pierres toutes les semaines quand tu les utilises régulièrement ou tout de suite après des émotions intenses ou une dispute. Tu peux par exemple les passer de temps en temps sous un filet d'eau et une fois sur du sel (avec un linge!). Il est aussi possible de poser une intention quand tu les purifies, cela accentue grandement le processus. Tu trouveras en toi toutes les ressources pour poser des intentions qui te conviennent et te correspondent.

... Je ressens les énergies des pierres ?

Avec mes années de pratique et d'expérience, j'ai remarqué que l'expression « ressentir l'énergie des pierres » pouvait faire peur. Il ne s'agit pourtant pas d'une expérience transcendantale hors du commun mais d'expériences du quotidien avec ses pierres. Ressentir l'énergie d'une pierre est à la portée de chacun, à condition d'y consacrer un peu de temps et d'énergie. Tout le monde peut ressentir leurs énergies, sans exception. C'est un entraînement, comme on s'entraîne lors d'une séance de sport ou pour améliorer nos recettes de cuisine !

Ressentir l'énergie d'une pierre, c'est écouter son corps et les messages qu'il transmet quand on porte une pierre sur soi ou dans sa main. Ressentir, c'est capter une information. C'est la noter, en prendre conscience sans l'interpréter immédiatement. C'est prendre le temps d'accueillir ce ressenti sans jugements ni critiques. Ressentir une pierre est un indicateur pour être en relation avec soi-même, avec les autres et avec son environnement. Certaines théories affirment également que nos ressentis sont la base de notre conscience émotionnelle. Nos ressentis nous aident à savoir ce qui est bon, ou non, pour nous. Ce sont des indicateurs, comme une signalétique invisible, de ce qui se trame en nous, pour mieux nous connaître.

Les sensations que l'on ressent avec les pierres viennent de la stimulation de l'un de nos cinq sens. Toucher une pierre ou même simplement la regarder provoque déjà des sensations en nous, tout comme la vue de certaines personnes ne nous laisse pas indifférents. Ressentir une pierre est une expérience unique et intime. Les sensations qu'elles éveillent en nous sont de bons indicateurs, même si cela est parfois désagréable. On a vite tendance à qualifier une expérience de positive ou négative avec une pierre, mais cela n'est que le reflet de ce qui se passe en nous pour affiner nos sens et développer une juste écoute de soi. Toute expérience est bonne à prendre et ne devrait pas être qualifiée de « positive » ou « négative ». Contentons-nous de noter, d'observer ce qui se passe en nous avant d'en tirer des leçons.

C'est ce que tu vas faire dans la deuxième partie de ce cahier, tu vas pouvoir noter ce que tu ressens avec une pierre, créer ta propre expérience et faire tes conclusions. Se comparer dans le domaine des ressentis est inutile. On attend parfois des expériences incroyables avec les pierres ou on jalouse le voisin qui a ressenti des choses extraordinaires avec une pierre avec en prime la vision de son ange gardien ! Pourtant, de simples ressentis, du chaud, du froid, des picotements, c'est vraiment déjà très bien, et l'expérience passe par l'accumulation de ressentis, de sensations. Ce n'est pas qu'une seule et unique expérience.

Ressentir l'énergie des pierres est essentiel et constitue la base du travail avec les minéraux. Plus tu prendras le temps de noter ce que tu ressens dans ce cahier, plus tu vas affiner ton expérience et prendre du recul sur ton parcours. Avec l'aide des stickers émotionnels, tu auras ainsi une bonne cartographie de ce que tu ressens, vis, expérimentes.

Concrètement, comment est-ce que l'on ressent une pierre ? Je t'invite tout simplement à la prendre en main quelques minutes, dans le calme, dans un endroit où tu te sens bien, et à laisser venir ce que tu ressens, à noter toutes les sensations, les images, les bruits, les odeurs, tout ce que tu peux ressentir au contact de la pierre. Il y a une infinité de ressentis avec les pierres qui sont justes parce qu'ils émanent de toi. C'est aussi se donner du temps tous les jours avec la pierre pour développer son ressenti et en faire une source de sécurité sur laquelle se baser au quotidien. Certaines pierres te donneront tout de suite de grandes sensations, en rapport avec ton état énergétique du moment et tes chakras, alors que d'autres te laisseront indifférent. Mais tout cela évolue ! Avec l'expérience et l'écoute de soi, tu comprendras pourquoi à la base certaines pierres t'attirent et d'autres pas, pourquoi tu ressens telle ou telle chose, etc. Certaines personnes vont vaciller en tenant entre leurs mains une tourmaline melon d'eau magnifique alors que d'autres y seront indifférentes et c'est normal. Je le répète, nos expériences sont uniques et il ne sert à rien de se comparer. J'ai vu de grandes avancées avec de simples petites pierres roulées qui coûtent quelques euros. Ce n'est pas le prix de la pierre qui fait la différence, c'est ton énergie, ton ressenti et ton investissement dans la pratique avec les pierres.

Le plus important, et c'est ce que je répète continuellement sur les réseaux sociaux, c'est de **créer du lien avec ta pierre**. Prendre conscience de sa présence et de son énergie, entrer en contact avec elle, ne pas attendre qu'elle fasse le travail à ta place et t'impliquer. Par exemple, prends le temps le matin de la tenir dans tes mains quelques minutes avant ta journée de travail. Prends-la en main lors de tes déplacements dans les transports. Parle-lui quand tu en ressens le besoin. Regarde sa beauté et laisse-toi imprégner de ses énergies. Visualise son énergie se répandre en toi et profite de ce moment pour noter intérieurement ce que tu ressens. Pose-la sur un de tes chakras et crée ton expérience. Remercie-la le soir à ta façon quand tu la poses. Tu trouveras des exemples concrets dans la dernière partie de ce cahier.

Pour t'aider, tu peux prendre quelques minutes pour respirer avant de ressentir les énergies d'une pierre. Installe-toi au calme et commence par prendre de profondes inspirations et expirations afin d'évacuer les tensions physiques et mentales. Prends tout ton temps et laisse une énergie de calme et de bien-être s'installer dans ton corps. Tu peux t'aider de musique, d'encens ou de méditations guidées si tu en ressens le besoin. Tu seras ainsi dans de bonnes conditions pour ressentir ta pierre. Cela peut prendre quelques minutes et sera bénéfique pour toi, la pierre et le lien que tu vas tisser avec elle.

... Je les utilise dans ma vie de tous les jours ?

Tu peux te servir de l'appui énergétique offert par les pierres de différentes façons. Le monde minéral est vaste et le travail de l'homme sur ces pierres peut donner des merveilles ! Une chose importante : peu importe la forme de ta pierre, ce qui compte, c'est le lien que tu vas créer avec elle, comme je l'expliquais un peu plus haut. Ce n'est pas parce que tu places une améthyste de dix kilos dans ton séjour que tu dois la laisser faire le travail toute seule ! Tu peux te connecter à elle, lui parler, poser des intentions énergétiques chez toi, pour toi et tes proches (à condition de les prévenir).

Nous sommes responsables de nous-mêmes et, donc, de nos énergies. Si nous souhaitons entamer un travail énergétique avec une pierre, nous devons prendre nos responsabilités, nous prendre en main et trouver une pierre qui va soutenir ce travail. Les pierres ne sont pas des baguettes magiques qui obéissent à nos souhaits. Leur potentiel est grand, notre prise de conscience l'est tout autant.

Tu peux utiliser des pierres brutes ou des petites pierres roulées selon tes préférences. Ce sont des bons « outils » de départ et ça ne coûte que quelques euros pour les pierres les plus courantes. Les pierres brutes ne sont pas meilleures que les pierres roulées, c'est une énergie légèrement différente mais globalement assez proche. Les pierres brutes ont elles aussi été dynamitées pour être extraites de la roche. Dans la plupart des boutiques, tu trouveras une multitude de pierres sous forme de bracelets, pendentifs, bagues, boules, œufs, formes libres, géodes, cristaux taillés... Le choix est grand ! Les pierres à utiliser à la maison demandent quelques précautions et ne doivent pas être disposées n'importe comment. Je vais te parler ici des pierres à porter sur soi, car elles nous accompagnent facilement dans notre vie de tous les jours.

Voici trois exemples de formes que tu peux porter au quotidien lorsque tu fais un travail spécifique avec une pierre.

Les pierres roulées que l'on trouve pour quelques euros dans toutes les boutiques sont excellentes quand on commence. Petites, pratiques, elles se glissent dans la poche (aucun intérêt dans le sac à main), contre la peau, sous l'oreiller et délivrent leurs énergies en continu. Tu peux les prendre dans tes mains très souvent pour entrer en contact avec leurs énergies.

Les pendentifs en pierres fines[1] ou précieuses sont excellents pour faire un bon travail énergétique en lithothérapie. Placés contre la peau ou sur le vêtement, ils sont alors parfaitement adaptés à un travail sur les chakras du haut (coronal, 3e œil, gorge et cœur). Évite les pierres d'ancrage noires, marron ou rouges sur la poitrine, car c'est une zone d'accueil de nos émotions et non une zone où l'on travaille son ancrage.

Les bracelets sont adaptés à tout travail énergétique. Portés sur le poignet, à proximité des vaisseaux sanguins et des méridiens, leurs énergies circulent facilement dans le corps. On trouve aujourd'hui une immense sélection de bracelets de tailles et de formes différentes qui conviennent à tous les goûts. Je te conseille de ne pas les porter sous la douche, car l'élastique va se fragiliser avec le temps.

Dans tous les cas, pense toujours à entrer en contact avec ta pierre. Tu peux prendre ton bracelet dans tes deux mains lors d'une pause la journée ou serrer ton pendentif dans une main lorsque tu travailles ou lis un document. Toute occasion est bonne pour créer du lien avec sa pierre. C'est une d'habitude à prendre. Le soir, tu peux te demander : « Combien de fois suis-je entré en contact avec ma pierre aujourd'hui ? » Vois cela comme un jeu et pas comme une charge. Fais à ton rythme et change doucement tes habitudes.

---

1. L'appellation « pierre semi-précieuse » est interdite en France par un décret du 14 janvier 2002.

Comme je te l'explique juste après, je conseille souvent de travailler avec une pierre précise qui correspond à un besoin plutôt que de t'éparpiller avec trop de pierres. De manière générale, je conseille de porter deux ou trois pierres au maximum, car au-delà les corps physique et énergétique n'arrivent plus à s'adapter aux différentes fréquences minérales. Cela devient une soupe énergétique indigeste qui n'a que peu d'intérêt ! Si tu décides par exemple de faire un travail avec l'œil-de-tigre, inutile d'en porter dix autour des poignets (histoire vraie !), c'est la qualité de ton investissement avec la pierre qui prime et pas la quantité.

Je t'invite également à avoir une consommation modérée des pierres. Je sais à quel point elles sont belles et font du bien, mais c'est une ressource terrestre qui vient du sol et, donc, limitée. Nous ne pouvons creuser qu'à quelques centaines de mètres sous terre pour les extraire, un peu plus pour certaines pierres, et je suis certains que des milliers de roches et minéraux resteront sagement sous terre sans être exploités. Si tu possèdes une collection qui correspond à tes besoins et n'achètes pas à outrance des pierres, alors tu te respectes et tu respectes le monde minéral. L'éthique dans ce domaine est un sujet délicat, car aucune législation n'existe encore. Des initiatives voient le jour et certaines personnes œuvrent pour plus de clarté. Je fais toujours de mon mieux pour trouver des minéraux dont je connais le pays d'origine et qui respectent les travailleurs. Mais ce n'est pas évident et beaucoup de choses restent à améliorer. Dans tous les cas, être respectueux de la pierre et prendre en considération son existence et son origine, c'est déjà très bien et ça participe à une démarche responsable. Quand tu portes une pierre, rappelle-toi toujours qu'elle est restée sous terre des millions d'années et qu'en cela c'est un vrai trésor.

… J'utilise ce cahier ?

Pour remplir les pages dans la deuxième partie de ce cahier, je te propose de choisir un besoin et d'y répondre avec une pierre.

Un besoin est une nécessité qui peut se situer à différents niveaux. Un besoin est unique et personnel. Nous avons tous différents besoins qui évoluent et qui s'ajustent dans le temps. Prends tout simplement quelques instants et demande-toi : « **De quoi ai-je besoin ? Qu'est-ce que je me souhaite ?** » puis note tout ce que tu souhaites sur une feuille. Essaye de formuler tes besoins avec des phrases courtes et positives. Mieux vaut écrire « J'ai besoin de laisser aller ma tristesse » plutôt que « J'ai besoin de ne plus être triste ni de pleurer ». Plus les phrases seront claires et précises, plus tu pourras être clair avec toi-même et trouver une pierre adaptée.

Pour t'aider, tu trouveras aux pages 38-39 un tableau avec les sept principaux chakras, leurs couleurs, les besoins qui y sont associés et les pierres correspondantes. **Ce tableau n'est pas exhaustif**, car il existe une multitude de nuances (et de pierres) qu'il serait impossible de synthétiser dans un livre. Pour choisir la pierre adaptée à ton besoin, tu peux en sélectionner une parmi celles proposées dans la dernière partie du cahier ou aller creuser dans les livres ou sur Internet. Il y en a forcément une qui te conviendra. Si tu rencontres des difficultés pour identifier tes besoins, prends encore plus de temps pour éclairer ta situation ou fais-toi accompagner par un thérapeute spécialisé.

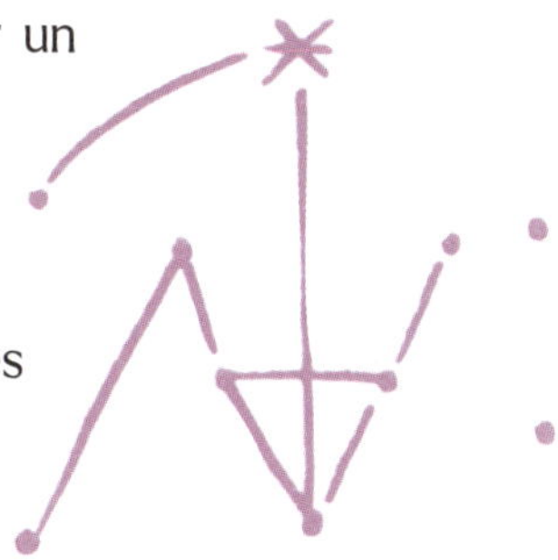

Quand tu auras choisi ton besoin et ta pierre, tu pourras remplir une des doubles-pages qui suit. L'essentiel est que tu notes tes ressentis avec tes mots, de façon simple et sans jugements. Tu peux écrire ce que tu ressens quand tu la portes la journée, en pensant toujours à créer du lien avec elle (voir page 27), ou bien lors d'une pratique spécifique, comme lors d'une méditation ou quand tu la poses sur un chakra. Il y a également un espace libre pour que tu puisses dessiner ou peindre la pierre si tu en as envie. Tu trouveras dans la troisième partie de ce livre des propositions d'exercices divers pour t'inspirer.

Très important : je te conseille de te fixer un objectif de temps pour mieux suivre ta pratique et ton évolution. En général, une semaine ou dix jours sont un bon début pour répondre à un besoin avec une pierre. Cela dépend bien sûr de chacun. Quand tu sens que tu approches de la fin de ton expérimentation avec la pierre, je te propose de faire un bilan : penses-tu que ton besoin est satisfait ? Quelle a été l'évolution de tes ressentis ? Comment te sens-tu ? Les questions sont nombreuses, prends ton temps et sois indulgent avec toi-même, il s'agit d'une démarche personnelle et authentique. Il se peut que tu aies besoin de plus de temps avec la pierre et c'est normal. Ou alors tu peux choisir un autre besoin et une autre pierre.

Les stickers de suivi émotionnel sont là pour t'accompagner dans ta pratique.

- Les stickers de couleurs peuvent se coller à côté de tes ressentis pour indiquer tes sensations physiques. Note simplement là où tu as eu le plus de sensations physiques avec ta pierre lors de ta journée avec elle, ou lors d'une méditation, d'un exercice.

sommet du crâne et au-delà

tête

gorge

sensation que ça « travaille » dans la poitrine

sensation d'ouverture et de légèreté dans la poitrine

ventre et plexus

bas du ventre

sensation de chaleur dans le bas du corps

sensation très profonde et intense dans le bas du corps

sensation de stabilité dans le bas du corps

ressenti général

- Les stickers émotions se collent aussi à côté de tes notes pour te souvenir de l'émotion principale que tu as ressentie ce jour-là avec ta pierre. Tu peux ressentir plusieurs émotions lors d'une journée avec ta pierre. Tu peux aussi ne pas ressentir d'émotions particulières et c'est normal.
  - Tu trouveras les stickers suivants : joie, colère, tristesse, peur, surprise, dégoût + un sticker neutre.

Avec les stickers, tu auras ainsi une vue d'ensemble sur ce que tu as ressenti et vécu comme émotions avec tes pierres. C'est une cartographie intérieure et personnelle. Cela te permettra de suivre ton évolution et de prendre confiance en toi dans ta pratique avec les pierres.

Pages 42-43, tu trouveras un exemple de double-page remplie avec ce qu'il est possible d'y indiquer. Je précise qu'il s'agit juste d'un exemple et non d'un modèle à suivre.

Il n'y a pas de bons ou mauvais ressentis, il y a juste toi, avec tes émotions, tes sensations, ton histoire, ton vécu, tes affinités, tes sensibilités. On peut faire tester une même pierre à 10 000 personnes, nous aurons 10 000 ressentis différents et c'est normal. Une pierre pour le chakra du cœur peut se ressentir dans différents endroits du corps en fonction de notre état énergétique qui est en perpétuel changement. Tu verras qu'en utilisant ce cahier et en faisant le bilan de ton suivi avec une pierre, tu seras sans doute passé par différentes phases, ce qui est naturel. **Personne n'est mieux placé que toi-même pour comprendre et expliquer tes ressentis.** Fais-toi confiance et fais de la place au silence pour les observer et les accueillir.

Tu es bien sûr libre d'utiliser ce cahier comme tu le souhaites. Tu as peut-être d'autres envies et objectifs ici, alors suis ton inspiration et fais-toi plaisir !

Pour terminer, je me permets trois conseils simples et efficaces :

- Tous tes ressentis sont corrects et OK.
- Tes ressentis sont uniques et ne peuvent se comparer aux autres.
- Utilise des phrases simples et courtes pour mieux suivre ton avancée.

C'est à toi maintenant !

CHAKRAS	COULEURS	BESOINS ASSOCIÉS	PIERRES ASSOCIÉES
CORONAL sommet du crane	**violet**	inspiration, ouverture spirituelle, avoir des projets, des rêves, transformer les croyances limitantes, suivre une nouvelle voie, donner plus de sens à sa vie, atténuer des peurs paralysantes	opale violette, amétrine, stichtite, améthyste, purpurite, charoite, lépidolite...
3^{E} ŒIL entre les deux yeux	**bleu foncé** **bleu clair** **blanc**	concentration, structurer sa pensée, calmer le mental, esprit clair et lucide, prendre du recul, développer intuition et capacités extra-sensorielles, vision subtile	apatite bleue, œil de faucon, fluorite, sodalite, calcite bleue, hémimorphite, azurite-malachite, cristal de roche, danburite, apophyllite, dumortiérite,cordiérite, azurite...
GORGE creux du larynx	**bleu clair**	communiquer, entendre et écouter, suivre sa voix, dire sa vérité, se faire entendre, retranscrire nos idées en mots ou par écrit	opale bleue, topaze bleue, aigue-marine, cyanite, calcédoine, angélite...
CŒUR centre de la poitrine	**rose** **vert**	laisser aller la tristesse, panser les peines de cœur, trouver un nouvel élan émotionnel, oser se confier, réconfort, aimer, altruisme, générosité, s'ouvrir aux autres, pacifier les conflits, recevoir et donner de l'amour de manière équilibrée* *certaines pierres roses, vertes, ou rose/verte pour ce dernier besoin.	quartz rose, rhodonite, opale rose, thulite, kunzite, manganocalcite, morganite, tourmaline rose, chrysoprase, émeraude, garniérite, variscite, chrysocolle, dioptase...

CHAKRAS	COULEURS	BESOINS ASSOCIÉS	PIERRES ASSOCIÉES
PLEXUS SOLAIRE nombril	**jaune**	confiance, se réaliser, oser, rayonner, dire oui ou non, reprendre son pouvoir, connaître ses valeurs et les affirmer, trouver sa place, reconnaissance	citrine, calcite miel, jaspe mariam, œil-de-tigre, héliodore, pyrite, topaze impériale, scapolite, soufre natif, apatite jaune...
SACRÉ bas ventre	**orange**	plaisir, joie, créer, chaleur, vivre sa sexualité, ressentir ses émotions dans le corps, recontacter son corps, sensualité, contact avec les autres, spontanéité	cornaline, jaspe polychrome, mookaite, agate fleur, pierre de lune brune, pierre de soleil, aventurine pêche, sphalérite...
RACINE entre les jambes	**rouge** **noir** **marron**	force, courage, soutien, sécurité, accepter son incarnation, reprendre foi en la vie, stabilité, ancrage, connaître ses racines	jaspe rouge, œil de fer, grenat, tourmaline, gabbro, septaria, bois fossile, quartz fumé, chiastolite...

MES RESSENTIS AVEC LES PIERRES

Exemple de fiche

MA PIERRE : quartz rose

La toute première chose que j'ai ressentie à son contact :
Un gros coup de cœur et une envie de la prendre dans mes mains.

Sa nature :
Dioxyde de silicium (famille du quartz). C'est une pierre magmatique de couleur rose.

Espace libre pour dessiner

Mon besoin avec cette pierre :
Laisser aller la tristesse que je ressens à la suite d'une séparation.

Je vais porter cette pierre 10 jours en pendentif et parfois en pierre roulée dans ma poche.

Mes ressentis :

J1 : je l'ai portée toute la journée en pendentif avec beaucoup de joie, je me suis senti bien. Rien de particulier.

J2 : ce matin j'ai pris le temps de la tenir entre les mains quelques minutes. Ça m'a serré dans la poitrine et j'ai eu envie de pleurer. Je me suis senti un peu triste et ensuite j'ai gardé le pendentif toute la journée. J'ai fait une méditation avec la pierre roulée ce soir, à nouveau pas facile et sensation pas agréable.

J3 : pas trop eu le temps de faire attention à ma pierre mais le pendentif ne m'a pas quitté. Ça va mieux qu'hier, je me sens un peu plus léger.

J4 : j'ai écouté une méditation avec ma pierre roulée dans la main et j'ai beaucoup pleuré, pas facile sur le coup mais ça fait du bien. Je sens qu'il y a des choses qui partent et j'ai compris certains éléments sur cette relation qui a pris fin.

J5 : aujourd'hui samedi, j'ai pris du temps pour moi. J'ai posé la pierre au creux de ma poitrine sur le chakra du cœur et c'était très désagréable au début. Puis j'ai imaginé que la tristesse coulait jusqu'au sol. Au bout de 10 minutes, j'ai senti que c'était assez alors j'ai arrêté, remercié ma pierre et je l'ai purifiée un peu avant de la porter à nouveau.

J6 : rien de spécial, j'ai profité d'une journée en famille pour rire ! C'était super ! J'ai juste parlé à ma pierre le soir avant d'aller me coucher.

J7 : ce matin en me levant et en prenant ma pierre, j'ai senti plus de joie et de tonus, une envie d'aller de l'avant, dans la journée j'ai repris ma pierre en main plusieurs fois et c'était super agréable de la voir, la sentir. Parfois quand je la vois, je me mets à sourire, je crois que je l'adore !

J8 : j'ai pris encore du temps pour méditer avec ma pierre dans la main et ça me fait vraiment du bien, ça me donne envie de continuer. J'ai senti des picotements dans les jambes et la poitrine, puis en respirant j'ai installé un sentiment de joie dans mon chakra du cœur, douce sensation de flotter. Après ça, j'ai fait une belle balade pour me détendre, j'ai gardé ma pierre dans ma poche toute la journée.

J9 : je me sens beaucoup mieux, j'ai dormi avec la pierre sous l'oreiller pour essayer. Ça faisait longtemps que je ne m'étais pas senti aussi détendu.

J10 : sensations aléatoires dans la journée avec des pics de stress et des moments plus sereins. En la prenant dans la main, je me suis tout de suite rappelé mes méditations et ça m'a aidé.

Mon bilan avec cette pierre :

Je suis super content d'avoir travaillé avec le quartz rose. Je me sens plus apaisé et serein, même si ça n'a pas été facile tous les jours. J'ai envie de continuer avec une pierre plus forte pour bien rester centré dans le cœur, je pense à la thulite. En tout cas, c'est clair que je continue de prendre du temps pour moi et mes petites pierres !

Mes mots-clés pour cette pierre :

Tendresse, amour, partage, intimité, écouter ses besoins, être fier de soi.

MA PIERRE :

Mon tout premier ressenti à son contact :

....

Sa nature :

....

Espace libre pour dessiner

Mon besoin avec cette pierre :

....

....

Mes ressentis :

....

....

....

Mon bilan avec cette pierre :

Mes mots-clés pour cette pierre :

MA PIERRE :

Mon tout premier ressenti à son contact :

....

Sa nature :

....

Espace libre pour dessiner

Mon besoin avec cette pierre :

....

....

Mes ressentis :

....

....

....

....

....

....

....

....

....

....

....

....

....

....

....

....

Mon bilan avec cette pierre :

....

....

Mes mots-clés pour cette pierre :

....

....

MA PIERRE :

Mon tout premier ressenti à son contact :

....

Sa nature :

....

Espace libre pour dessiner

Mon besoin avec cette pierre :

....

....

Mes ressentis :

....

....

....

....

....

....

....

....

....

....

....

....

....

....

....

....

Mon bilan avec cette pierre :

....

....

Mes mots-clés pour cette pierre :

....

....

MA PIERRE :

Mon tout premier ressenti à son contact :

....

Sa nature :

....

Espace libre pour dessiner

Mon besoin avec cette pierre :

....

....

Mes ressentis :

....

....

....

....

....

....

....

....

....

....

....

....

....

....

....

....

Mon bilan avec cette pierre :

....

....

Mes mots-clés pour cette pierre :

....

....

MA PIERRE :

Mon tout premier ressenti à son contact :

....

Sa nature :

....

Espace libre pour dessiner

Mon besoin avec cette pierre :

....

....

Mes ressentis :

....

....

....

....

....

....

....

....

....

....

....

....

....

....

....

....

Mon bilan avec cette pierre :

....

....

Mes mots-clés pour cette pierre :

....

....

MA PIERRE :

Mon tout premier ressenti à son contact :

....

Sa nature :

....

Espace libre pour dessiner

Mon besoin avec cette pierre :

....

....

Mes ressentis :

....

....

....

Mon bilan avec cette pierre :

Mes mots-clés pour cette pierre :

MA PIERRE :

Mon tout premier ressenti à son contact :

....

Sa nature :

....

Espace libre pour dessiner

Mon besoin avec cette pierre :

....

....

Mes ressentis :

....

....

....

Mon bilan avec cette pierre :

Mes mots-clés pour cette pierre :

MA PIERRE :

Mon tout premier ressenti à son contact :

....

Sa nature :

....

Espace libre pour dessiner

Mon besoin avec cette pierre :

....

....

Mes ressentis :

....

....

....

....

....

....

....

....

....

....

....

....

....

....

....

....

Mon bilan avec cette pierre :

....

....

Mes mots-clés pour cette pierre :

....

....

MA PIERRE :

Mon tout premier ressenti à son contact :

....

Sa nature :

....

Espace libre pour dessiner

Mon besoin avec cette pierre :

....

....

Mes ressentis :

....

....

....

Mon bilan avec cette pierre :

Mes mots-clés pour cette pierre :

MA PIERRE :

Mon tout premier ressenti à son contact :

....

Sa nature :

....

Espace libre pour dessiner

Mon besoin avec cette pierre :

....

....

Mes ressentis :

....

....

....

....

....

....

....

....

....

....

....

....

....

....

....

....

Mon bilan avec cette pierre :

....

....

Mes mots-clés pour cette pierre :

....

....

MA PIERRE :

Mon tout premier ressenti à son contact :

....

Sa nature :

....

Espace libre pour dessiner

Mon besoin avec cette pierre :

....

....

Mes ressentis :

....

....

....

....

....

....

....

....

....

....

....

....

....

....

....

....

Mon bilan avec cette pierre :

....

....

Mes mots-clés pour cette pierre :

....

....

MA PIERRE :

Mon tout premier ressenti à son contact :

....

Sa nature :

....

Espace libre pour dessiner

Mon besoin avec cette pierre :

....

....

Mes ressentis :

....

....

....

....

....

....

....

....

....

....

....

....

....

....

....

....

Mon bilan avec cette pierre :

....

....

Mes mots-clés pour cette pierre :

....

....

MA PIERRE :

Mon tout premier ressenti à son contact :

....

Sa nature :

....

Espace libre pour dessiner

Mon besoin avec cette pierre :

....

....

Mes ressentis :

....

....

....

....

....

....

....

....

....

....

....

....

....

....

....

....

Mon bilan avec cette pierre :

....

....

Mes mots-clés pour cette pierre :

....

....

MA PIERRE :

Mon tout premier ressenti à son contact :

....

Sa nature :

....

Espace libre pour dessiner

Mon besoin avec cette pierre :

....

....

Mes ressentis :

....

....

....

....

....

....

....

....

....

....

....

....

....

....

....

....

Mon bilan avec cette pierre :

....

....

Mes mots-clés pour cette pierre :

....

....

MA PIERRE :

Mon tout premier ressenti à son contact :

....

Sa nature :

....

Espace libre pour dessiner

Mon besoin avec cette pierre :

....

....

Mes ressentis :

....

....

....

Mon bilan avec cette pierre :

Mes mots-clés pour cette pierre :

MA PIERRE :

Mon tout premier ressenti à son contact :

....

Sa nature :

....

Espace libre pour dessiner

Mon besoin avec cette pierre :

....

....

Mes ressentis :

....

....

....

Mon bilan avec cette pierre :

Mes mots-clés pour cette pierre :

MA PIERRE :

Mon tout premier ressenti à son contact :

....

Sa nature :

....

Espace libre pour dessiner

Mon besoin avec cette pierre :

....

....

Mes ressentis :

....

....

....

....

....

....

....

....

....

....

....

....

....

....

....

....

Mon bilan avec cette pierre :

....

....

Mes mots-clés pour cette pierre :

....

....

MA PIERRE :

Mon tout premier ressenti à son contact :

....

Sa nature :

....

Espace libre pour dessiner

Mon besoin avec cette pierre :

....

....

Mes ressentis :

....

....

....

....

....

....

....

....

....

....

....

....

....

....

....

....

Mon bilan avec cette pierre :

....

....

Mes mots-clés pour cette pierre :

....

....

MA PIERRE :

Mon tout premier ressenti à son contact :

....

Sa nature :

....

Espace libre pour dessiner

Mon besoin avec cette pierre :

....

....

Mes ressentis :

....

....

....

....

....

....

....

....

....

....

....

....

....

....

....

....

Mon bilan avec cette pierre :

....

....

Mes mots-clés pour cette pierre :

....

....

MA PIERRE :

Mon tout premier ressenti à son contact :

....

Sa nature :

....

Espace libre pour dessiner

Mon besoin avec cette pierre :

....

....

Mes ressentis :

....

....

....

Mon bilan avec cette pierre :

Mes mots-clés pour cette pierre :

MA PIERRE :

Mon tout premier ressenti à son contact :

....

Sa nature :

....

Espace libre pour dessiner

Mon besoin avec cette pierre :

....

....

Mes ressentis :

....

....

....

....

....

....

....

....

....

....

....

....

....

....

....

....

Mon bilan avec cette pierre :

....

....

Mes mots-clés pour cette pierre :

....

....

MA PIERRE :

Mon tout premier ressenti à son contact :

....

Sa nature :

....

Espace libre pour dessiner

Mon besoin avec cette pierre :

....

....

Mes ressentis :

....

....

....

Mon bilan avec cette pierre :

Mes mots-clés pour cette pierre :

MA PIERRE :

Mon tout premier ressenti à son contact :

....

Sa nature :

....

Espace libre pour dessiner

Mon besoin avec cette pierre :

....

....

Mes ressentis :

....

....

....

....

....

....

....

....

....

....

....

....

....

....

....

....

Mon bilan avec cette pierre :

....

....

Mes mots-clés pour cette pierre :

....

....

MA PIERRE :

Mon tout premier ressenti à son contact :

....

Sa nature :

....

Espace libre pour dessiner

Mon besoin avec cette pierre :

....

....

Mes ressentis :

....

....

....

....

....

....

....

....

....

....

....

....

....

....

....

....

Mon bilan avec cette pierre :

....

....

Mes mots-clés pour cette pierre :

....

....

MA PIERRE :

Mon tout premier ressenti à son contact :

....

Sa nature :

....

Espace libre pour dessiner

Mon besoin avec cette pierre :

....

....

Mes ressentis :

....

....

....

....

....

....

....

....

....

....

....

....

....

....

....

....

Mon bilan avec cette pierre :

....

....

Mes mots-clés pour cette pierre :

....

....

MA PIERRE :

Mon tout premier ressenti à son contact :

....

Sa nature :

....

Espace libre pour dessiner

Mon besoin avec cette pierre :

....

....

Mes ressentis :

....

....

....

Mon bilan avec cette pierre :

Mes mots-clés pour cette pierre :

MA PIERRE :

Mon tout premier ressenti à son contact :

....

Sa nature :

....

Espace libre pour dessiner

Mon besoin avec cette pierre :

....

....

Mes ressentis :

....

....

....

....

....

....

....

....

....

....

....

....

....

....

....

....

Mon bilan avec cette pierre :

....

....

Mes mots-clés pour cette pierre :

....

....

MA PIERRE :

Mon tout premier ressenti à son contact :

....

Sa nature :

....

Espace libre pour dessiner

Mon besoin avec cette pierre :

....

....

Mes ressentis :

....

....

....

Mon bilan avec cette pierre :

Mes mots-clés pour cette pierre :

MA PIERRE :

Mon tout premier ressenti à son contact :

....

Sa nature :

....

Espace libre pour dessiner

Mon besoin avec cette pierre :

....

....

Mes ressentis :

....

....

....

Mon bilan avec cette pierre :

Mes mots-clés pour cette pierre :

MA PIERRE :

Mon tout premier ressenti à son contact :

....

Sa nature :

....

Espace libre pour dessiner

Mon besoin avec cette pierre :

....

....

Mes ressentis :

....

....

....

Mon bilan avec cette pierre :

Mes mots-clés pour cette pierre :

21 FICHES ET PROPOSITIONS D'EXERCICES

Tu trouveras dans les pages suivantes 21 pierres, soit 3 par chakra, avec leurs propriétés ainsi que des propositions d'exercices. Ces propositions sont là pour te guider et te donner des pistes. Tu peux les adapter ou les compléter selon tes besoins et ce que tu connais déjà. Note dans ce cahier tes ressentis après les exercices pour suivre ton évolution et apprécier le chemin parcouru avec l'énergie d'une pierre.

CHAKRA RACINE

GABBRO

« J'installe en moi, ici et maintenant, la sécurité intérieure. »

Minéralogie : roche composée de plagioclase calcique et de pyroxène.

Mots-clés : densité – sécurité – ancrage.

Propriétés : c'est une roche très dense qui apporte un profond sentiment de sécurité intérieure. On se sent comme dans une bulle atemporelle où l'on peut se poser, vraiment, et écouter notre intériorité. Le gabbro permet d'évacuer *via* le chakra racine nos énergies usagées pour ainsi mieux vivre ce qui se présente à nous. Il éveille également notre intuition et notre alignement énergétique pour une bonne cohérence globale.

Proposition : je te propose un temps de pause rien qu'à toi pour retrouver une sensation de sécurité intérieure. Assieds-toi dans un endroit calme et commence par respirer quelques instants. Ferme les yeux, détends tes épaules puis tout ton corps. Prends la pierre entre tes mains et écoute dans un premier temps tout ce qu'il se passe en toi. Accueille et vis l'instant présent le plus simplement possible. Imagine ensuite une bulle protectrice qui part de la pierre, puis qui s'étend comme une aura tout autour de toi. Cette bulle ramène tes énergies dans le bas de ton corps qui s'apaise, se pose, se détend de plus en plus. Respire à ton rythme et sens l'énergie circuler dans ton chakra racine, entre les jambes. Tu inspires l'énergie qui vient de la terre et tu expires ce qui te pèse par ce chakra. Imagine la couleur noire sous tes pieds qui te soutient, te donne une nette sensation de sécurité. Tu es là, dans ton espace, en toute sécurité. Tu peux, si tu le souhaites, répéter le mantra suivant plusieurs fois : « Je suis en sécurité, ici et maintenant. » Quand tu te sens apaisé, reviens dans l'instant présent à ton rythme.

Tu peux faire cet exercice autant de fois que tu le souhaites, idéalement entre 5 et 20 minutes. Si tu ressens une sensation de lourdeur à la fin de l'exercice, essaye de prendre un cristal de roche ou un quartz rose pour apporter un peu de légèreté.

ŒIL DE FER

« Je trouve en moi les ressources pour avancer. »

Minéralogie : dioxyde de silicium et oxyde de fer– dureté : 7/10 – rhomboédrique – métamorphique.

Mots-clés : force – tonus – endurance.

Propriétés : l'œil de fer est un mélange naturel d'œil-de-tigre, de jaspe rouge et d'hématite. Ce cocktail minéral booste le chakra racine quand nous sommes fatigués, quand nous manquons de motivation ou quand nous avons besoin de nous relever après des passages difficiles. Son énergie compacte apporte tout le soutien nécessaire pour aller au bout de nos projets et nous affirmer avec assurance. Évite de le porter le soir et la nuit.

Proposition : tu peux utiliser l'œil de fer lorsque tu fais du sport ou lors d'événements qui demandent beaucoup d'énergie ou d'attention. Avant un rendez-vous important à tes yeux, où tu ressens le besoin de soutien et de courage, prends quelques instants pour toi, au calme, la pierre dans ta main, et écoute son énergie circuler en toi. Pense à toutes tes qualités, inscris-les en toi et souris intérieurement. Laisse-toi aller à une profonde sensation de force intérieure. Tout est possible, crois en toi et repense à toutes les fois où tu as su mettre des choses en place, avancer, convaincre quelqu'un, affirmer un point de vue qui te tient vraiment à cœur. Toutes ces images circulent en toi et la pierre vient soutenir cet élan. Garde la pierre dans ta main ou dans ta poche aussi longtemps que nécessaire. Tu es prêt, c'est le moment, vas-y !

SEPTARIA

« Mon ancrage est la clé de ma stabilité intérieure. »

Minéralogie : mélange de calcite, d'argile et d'autres oligoéléments – dureté : non identifiée – rhomboédrique – sédimentaire.

Mots-clés : racines – fondation – soutien.

Propriétés : la septaria est une pierre simple pour s'ancrer véritablement et durablement à la terre. Son énergie s'installe petit à petit dans le bas du corps pour sentir nos racines s'implanter profondément dans le sol. Je la conseille à tous ceux qui manquent d'ancrage ou aux personnes hypersensibles pour éviter la dispersion énergétique. Avec elle, nous construisons des bases stables sur lesquelles s'appuyer solidement pour bâtir nos expériences. On peut la porter la journée ou la nuit, près des pieds, pour toutes les personnes qui pensent beaucoup ou qui « s'envolent » loin dans leur sommeil.

Proposition : pour cet exercice, je te propose de t'allonger sur un tapis ou un canapé. Commence par prendre le temps de respirer à ton rythme et d'écouter l'énergie circuler en toi. Si nécessaire, identifie les zones de tension dans ton corps et évacue-les grâce à de profondes expirations. Puis place une septaria (ou plusieurs si elles sont petites) entre tes jambes, à l'endroit du chakra racine. Écoute et note intérieurement ce que tu ressens, sans analyser, sans juger. Puis imagine que la terre envoie dans ton chakra racine de belles énergies de couleur marron. C'est la couleur de la terre nourricière. Ton chakra se nourrit de cette couleur et nourrit en même temps la septaria. Ressens un lien unique se créer avec le sol et apprécie ce moment à chaque respiration. Tu peux inspirer l'énergie de la terre et expirer de l'amour et de la joie vers le sol. Reviens ensuite tranquillement dans le moment présent et observe ton environnement direct pour te reconnecter au réel. Garde ensuite la septaria chargée de ces énergies avec toi plusieurs jours. Tu peux la remercier pour ce moment. Tu peux refaire cet exercice autant de fois que tu le souhaites.

CHAKRA SACRÉ

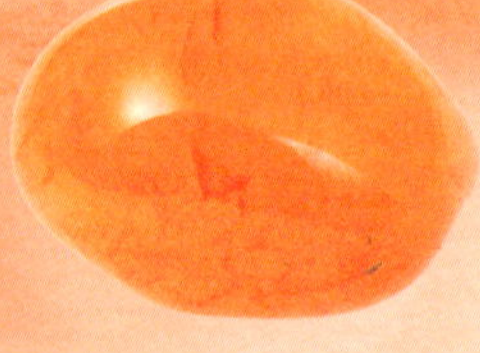

CORNALINE

« Je retrouve la joie de l'instant présent. »

Minéralogie : dioxyde de silicium – dureté : 7/10 – rhomboédrique – magmatique.

Mots-clés : joie – plaisir – entrain.

Propriétés : avec sa couleur orange intense, la cornaline se relie naturellement au chakra sacré. Elle apporte une douce énergie de bien-être qui se diffuse dans le corps. Elle nous invite à profiter du moment présent en dirigeant nos pensées et notre corps sur ce qui s'offre à nous. La cornaline est gage de souplesse dans tous les sens du terme. Retrouver une souplesse d'esprit et de corps, retrouver ses sensations corporelles et prendre des décisions qui émanent de notre entièreté et pas que du mental.

Proposition : lorsque ta journée a été difficile ou que tu te sens contrarié (j'en profite pour rappeler que c'est normal et que l'on ne peut pas vivre à 100 % sur un nuage béni des dieux), je te propose de prendre quelques minutes avec la cornaline. Place-la dans tes mains puis commence par respirer jusqu'à retrouver plus de fluidité. Imagine qu'une fumée noire quitte ton corps quand tu expires et qu'une blanche se distille en toi à chaque inspiration. Laisse ensuite naturellement l'énergie de la cornaline circuler en toi. Imagine qu'elle va de tes mains jusque dans tout ton corps, dans chaque cellule. Visualise des moments heureux ou des paysages que tu aimes. Vois-les comme s'ils étaient là, devant toi. Si des émotions se présentent à toi, accueille-les sans les retenir. Prends le temps qu'il te faut. Conserve ensuite ces énergies avec toi pour le reste de ta journée et regarde ta pierre de temps en temps : fais-en un support des souvenirs que tu viens d'invoquer en toi. À refaire sans modération !

AGATE FLEUR

« J'écoute les messages de mon corps. »

Minéralogie : dioxyde de silicium – dureté : 7/10 – rhomboédrique – magmatique.

Mots-clés : tendresse – douceur – ressentis.

Propriétés : l'agate fleur avec ses très beaux motifs naturels est l'incarnation de la douceur. Elle procure un relâchement des tensions dans le corps très appréciable et nous enveloppe d'un voile léger de tendresse. Elle est à privilégier pour toutes les personnes qui souhaitent plus écouter leur corps ou qui ont subi des traumatismes et qui veulent à nouveau écouter leurs émotions corporelles. L'agate fleur nous rappelle que nous pouvons sans crainte nous ouvrir à la vie et faire confiance à nos ressentis et nos sensations.

Proposition : parfois, nos expériences de vie nous ont amenés à rejeter notre corps, à ne plus écouter les messages qu'il nous envoie. Prends un moment pour toi et commence par noter sur une feuille ce que tu souhaites dire à ton corps. Écris tout ce que tu as sur le cœur sans chercher à bien faire, c'est ton moment à toi. Accueille toutes les émotions qui se présentent, elles ont toutes un message pour toi. Note-les également sur la feuille. Pose ensuite l'agate fleur sur la feuille et pose tes mains sur la pierre. Si tu le souhaites et si tu te sens prêt, formule de nouvelles intentions pour ton corps et prends l'engagement de l'écouter et de le chérir. Par la suite, repense à ces intentions à chaque fois que tu prends ta pierre. Elle t'accompagnera dans ce cheminement, à ton rythme.

JASPE POLYCHROME

«Je fais circuler en moi l'inspiration.»

Minéralogie: dioxyde de silicium et impureté – dureté: 7/10 – rhomboédrique – sédimentaire.

Mots-clés: fluidité – calme – inspiration.

Propriétés: le jaspe polychrome peut se parer de plusieurs couleurs pour former un beau tourbillon coloré. L'énergie qui s'en dégage est à son image: créer, s'inspirer, écouter ce que le corps a à dire, mettre en mouvement nos idées et insuffler la vie dans nos projets. C'est une très belle pierre pour ralentir le mental au profit de l'écoute du corps. L'énergie s'installe alors dans le bas du corps pour rétablir plus de stabilité. C'est également une pierre qui nous ramène et nous connecte à la terre.

Proposition: besoin d'inspiration? Envie de créer du neuf? Une idée sans savoir par où commencer? Mets-toi debout, les jambes souples et détendues, puis place le jaspe polychrome sur le chakra sacré, au niveau du pubis. Écoute ce qu'il se passe, ressens l'énergie du jaspe entrer en contact avec le chakra sacré. Tu peux avoir des sensations physiques, des images, des émotions qui se présentent à toi. Imagine ensuite tes idées ou ton projet qui circulent dans ton corps. Respire et laisse circuler ton inspiration. Vois ce qu'il se passe et note intérieurement les nouvelles idées ou directions qui apparaissent. Tu peux aussi bouger tes hanches pour donner un peu de mouvement. Remercie-toi pour ce moment, remercie ta pierre et note tes nouvelles idées pour ne pas les oublier!

CHAKRA DU PLEXUS SOLAIRE

CALCITE MIEL

« Je reprends confiance en moi en douceur. »

Minéralogie : carbonate de calcium – dureté : 3/10 – rhomboédrique – sédimentaire.

Mots-clés : confiance – maîtrise – valeurs.

Propriétés : la calcite miel nous accompagne pour retrouver la confiance et l'audace d'avancer. Pierre sédimentaire, elle apaise les tensions au niveau du plexus solaire. Nos émotions se stabilisent plus facilement pour les accueillir. Avec la calcite miel, il est alors possible de rester digne et stable dans des situations tendues et aussi d'affirmer nos valeurs. C'est une pierre qui convient à toute la famille.

Proposition : commence par t'installer dans un endroit calme, bien assis, le dos droit. Prends de grandes inspirations et expirations. Laisse la pierre à côté de toi. Ferme les yeux et repense à une situation où tu as manqué de confiance, où tu n'as pas su imposer tes idées par exemple. Une fois que tu visualises la scène, imagine-la s'éloigner de plus en plus de toi jusqu'à disparaître. Prends la calcite miel dans ta main et visualise ensuite une montagne avec un beau soleil. Tu es au sommet et tout te semble possible. L'énergie de la pierre se nourrit de ces images et de cette chaleur qui se dégage de la scène. Imagine-toi grandir et rayonner de plus en plus en prenant ta place et en faisant grandir la confiance. Puis condense cette énergie dans la pierre. Ouvre les yeux et garde la pierre dans ta poche plusieurs jours de suite pour qu'elle t'accompagne d'une nouvelle énergie que tu viens de créer. Je te conseille de refaire cet exercice plusieurs jours d'affilée en conservant toujours des images positives pleines de couleurs et de chaleur.

JASPE MARIAM

« J'ose et je m'affirme. »

Minéralogie : dioxyde de silicium et trace de fer – dureté : 7/10 – rhomboédrique – sédimentaire.

Mots-clés : territoire – épanouissement – aura.

Propriétés : le jaspe mariam relie le chakra racine et le chakra du plexus solaire. Il apporte un bon ancrage, puis il permet de nous relever de situations éprouvantes qui nous ont déstabilisés. Avec ce lien terre-plexus solaire, il est plus facile d'étendre nos racines qui seront la base de notre épanouissement. Tranquillement, nous retrouvons notre centre, reprenons notre place et affirmons notre territoire personnel. Plus personne ne pourra venir piétiner notre espace de rayonnement. La joie d'être soi se fera pleinement ressentir après quelque temps avec le jaspe mariam.

Proposition : pour cet exercice, installe-toi debout devant un miroir. Assure-toi que tu seras tranquille, seul, quelques minutes. Commence par fermer les yeux et imagine une lumière qui vient nettoyer ton corps de haut en bas en t'aidant de grandes inspirations et expirations. Ouvre ensuite les yeux et prends le jaspe mariam dans tes mains. Regarde-toi dans le miroir et souris à ton reflet. Je te propose quelques mantras que tu pourras répéter tranquillement à voix haute pendant 1 ou 2 minutes. « Maintenant, je m'affirme et prends ma place. » « J'ai pleinement confiance en mes capacités. » « J'ose dire oui à la vie et non à ce que ne me convient plus. » Tu peux faire cet exercice quand tu en ressens le besoin ou avant un moment important pour toi. Bien sûr, adapte tes mantras et crées-en de nouveaux selon tes besoins.

JADE NÉPHRITE

« J'évacue les tensions et j'accueille la nouveauté. »

Minéralogie : silicate de calcium, magnésium et fer – dureté : 6/10 – monoclinique – métamorphique.

Mots-clés : digérer les émotions – souplesse – courage.

Propriétés : si les pierres jaunes ont des affinités avec le chakra du plexus solaire, il faut mentionner l'importance du jade néphrite ici. Cette pierre va nettoyer et évacuer les émotions bloquées dans le plexus solaire (plus précisément au niveau du diaphragme). Nous pouvons alors accueillir de nouvelles émotions et les laisser circuler dans notre système énergétique. C'est une pierre que je conseille à toutes les personnes trop exigeantes ou nerveuses qui sentent un nœud au niveau du diaphragme. Elle apportera alors plus de souplesse et de tolérance envers soi et les autres !

Proposition : voici un exercice à faire lorsque tu te sens tendu, en colère ou qu'un événement te reste « sur l'estomac ». Commence par prendre de profondes inspirations et expirations. À chaque expiration, imagine que des petits points noirs quittent ton plexus. Sens ton diaphragme se détendre et inspire à fond une énergie neuve qui t'aide à déployer tout le buste. Prends ensuite la pierre et effectue un léger massage sur le diaphragme dans le sens des aiguilles d'une montre. Écoute et note tout ce que tu ressens sans jugements. Idéalement, essaye de comprendre pourquoi ces tensions sont présentes et ce que tu peux faire pour y remédier. Tu peux accompagner ce moment d'une musique, d'un encens ou de tout ce qui te permet de te détendre. Tu peux faire cela entre 5 et 10 minutes suivant tes besoins. Pense à purifier ta pierre immédiatement après et garde-la encore avec toi quelque temps. Tu peux tout à fait dormir avec elle si besoin.

CHAKRA DU CŒUR

CHRYSOPRASE

« J'ouvre mon cœur à la vie. »

Minéralogie : dioxyde de silicium – dureté : 6,5/10 – rhomboédrique – sédimentaire.

Mots-clés : libération – ouverture – générosité.

Propriétés : avec son vert très intense, la chrysoprase est une pierre type du chakra du cœur. Elle accompagne notre volonté pour dénouer des conflits, les tensions que l'on ressent en soi ou que l'on vit avec l'extérieur. C'est une alliée majeure pour nettoyer les images et les émotions pesantes que l'on ressent dans le cœur. La chrysoprase nous aide à voir la vie du bon côté, à continuer à s'émerveiller, à vivre avec nos émotions et à aimer, tout simplement.

Proposition : pour cet exercice, rends-toi dans une forêt, au calme, là où tu ne seras pas dérangé par des bruits étrangers. Trouve un endroit qui t'inspire et reste debout, détendu, les bras et les jambes souples. Commence par bien respirer pour t'oxygéner à fond. Ferme les yeux et prends la chrysoprase dans ta main. Écoute tous les bruits autour de toi et lorsque tu expires, laisse aller les tensions que tu ressens dans ta poitrine. Respire et sens les odeurs qui t'entourent, évacue toutes les émotions qui te pèsent en expirant. Ressens la terre sous tes pieds et ouvre grand ton cœur à chaque inspiration. Ouvre les yeux, regarde autour de toi, regarde la pierre et inspire encore une fois un grand vent de liberté dans toute ta poitrine. Tu peux refaire ce cycle inspiration/expiration autant de fois que tu le souhaites.

GARNIÉRITE

« Je prends du recul et j'observe. »

Minéralogie : silicate hydraté contenant du nickel et du magnésium – dureté : 3 à 4/10 – système cristallin (dépend de sa composition) – métamorphique.

Mots-clés : observation – patience – intuition.

Propriétés : encore assez peu connue en lithothérapie, la garniérite est un régal pour le cœur : elle l'apaise, laisse les émotions et les angoisses s'évacuer naturellement et ouvre le cœur à plus de joie. Elle permet de regarder nos valeurs de cœur et d'y être fidèle. La garniérite nous aide à conserver un grand calme intérieur en observant une situation sans être aveuglés par nos émotions. Très subtile, son énergie monte également vers les chakras du haut pour favoriser plus d'intuition et développer notre monde imaginaire.

Proposition : je te propose ici une méditation pour faire confiance à la vie. Assieds-toi sur une chaise ou dans un fauteuil. Respire plusieurs fois à ton rythme et prends la garniérite dans ta main. Imagine que son énergie passe de ta main à ton cœur et à toute la poitrine. Prends quelques instants pour accueillir ce que tu ressens sans rien forcer. Imagine ensuite un grand espace lumineux et accueillant, ça peut être un endroit imaginaire ou que tu connais. Pense à toutes les qualités de cœur que tu possèdes et à tout ce que tu souhaiterais faire dans ta vie. Vois ces images devant toi et laisse-les t'inspirer de nouveaux messages. À chaque nouvelle idée, demande à la pierre de la fixer dans ton chakra du cœur, au centre de la poitrine. Prends confiance en toi et en la personne que tu es. Nourris ce chakra de belles images et de nouveaux objectifs. Remercie-toi pour ce moment et conserve ces images le plus possible pour t'inspirer.

THULITE

« Je prends le temps d'équilibrer mes émotions. »

Minéralogie : silicate de calcium, manganèse et aluminium – dureté : 6,5/10 – orthorhombique – magmatique ou métamorphique.

Mots-clés : apaisement – discernement – centrage.

Propriétés : la thulite est une pierre qui dans un premier temps apaise les émotions fortes et nous ramène à un état de calme et de maîtrise de soi. Une peine de cœur, un événement douloureux, la thulite sert d'appui dans ces moments-là. Elle est excellente pour rester centré dans le cœur, c'est-à-dire apprendre à donner de l'amour autant qu'à en recevoir. C'est une pierre tenace qui nous donne le courage d'avancer avec le cœur en dépassant nos craintes.

Proposition : notre chakra du cœur s'ouvre sur l'avant et sur l'arrière du corps, au niveau de la poitrine. Nous donnons de l'amour et de l'attention aux autres devant et nous recevons derrière tout autant. En réalité, il y a souvent un grand décalage, car nous avons été éduqués pour donner et très peu pour recevoir. Il est bien sûr possible d'y remédier. Si tu sens ce déséquilibre en toi, je te propose de te mettre debout, le corps souple et détendu et de fermer les yeux (si tu peux). Essaye de visualiser ton chakra du cœur devant et derrière toi. Tu peux le deviner, le sentir avec tes mains si tu préfères, c'est possible et à la portée de tous. Est-il trop ouvert sur l'avant ? As-tu des sensations particulières ? Prends ensuite la thulite dans ta main et porte-la au niveau du chakra du cœur. Laisse son énergie se diffuser ici, puis imagine que sa couleur rose/rouge se diffuse dans tout le chakra. Visualise que celui-ci s'équilibre entre l'avant et l'arrière. Prends tout temps et pense à bien respirer. Tu peux éventuellement ressentir un léger déséquilibre, c'est normal. Note ensuite tout ce que tu as ressenti et prête attention à tes interactions avec les autres dans les jours qui suivent. Tu verras que tu arriveras à ressentir ou voir tes chakras avec un peu de pratique.

CHAKRA DE LA GORGE

OPALE BLEUE

« Je m'exprime à mon rythme. »

Minéralogie : dioxyde de silicium – dureté : 6/10 – amorphe – magmatique. Ses couleurs varient en fonction de la provenance.

Mots-clés : tolérance – communication – clarté.

Propriétés : pierre amorphe et composée en partie d'eau, l'opale bleue apaise nos émotions et fluidifie les blocages au niveau du chakra de la gorge. Tranquillisante, elle peut aider les plus réservés à prendre la parole, à communiquer ce qui était retenu et à dire ce qui ne convient plus. C'est une pierre tendre qui nous aide à dépasser la timidité, à être plus à l'écoute de soi pour parler plus clairement. L'opale bleue est également une source de clarté, sur nos pensées et nos paroles.

Proposition : nous avons tous connu des moments de notre existence où quelque chose nous est resté au travers de la gorge : une dispute, des mots qui nous étaient adressés... Tu peux décider de t'en débarrasser de façon appropriée. Commence par faire le point sur la situation. Pourquoi y a-t-il quelque chose qui ne passe pas ? Quelle a été ta part de responsabilité ? Prends le temps de réfléchir sans jugements ni critiques, pose les mots si cela est nécessaire. Prends ensuite ta pierre dans les mains et assieds-toi, ferme les yeux et respire à ton rythme quelques instants. Accueille les sensations et les ressentis qui se présentent. Puis imagine qu'une lumière bleu clair descend par ton chakra coronal et nettoie tous les chakras un par un. L'énergie peut s'arrêter un peu plus au niveau de la gorge et emporter ce qui doit être nettoyé. L'énergie usagée s'évacue par le chakra racine dans la terre. Imagine ensuite une belle boule bleue au niveau de la gorge qui diffuse beaucoup d'amour et de clarté. Ressens ce bien-être le temps qu'il te faut. Ouvre les yeux, remercie la terre, ta pierre et toi-même pour ce moment. Note dans ton cahier tout ce que tu as pu ressentir et refais cet exercice plusieurs fois si tu en ressens le besoin. Je t'encourage à écrire tout ce que tu ressens pour mieux suivre ton cheminement intérieur.

TOPAZE BLEUE

« J'affirme mes convictions. »

Minéralogie : silicate d'aluminium et de fluor – dureté : 8/10 – orthorhombique – magmatique. La topaze bleue peut se trouver sous forme brute, roulée ou en pendentif sans débourser de grosses sommes. Les topazes bleu foncé ont été traitées pour rehausser leur couleur.

Mots-clés : affirmation – vérité – cohérence.

Propriétés : la topaze bleue est très vive sur le chakra de la gorge qu'elle va débloquer et dynamiser pour nous permettre de parler clairement et avec assurance. On la privilégie après avoir fait un premier travail avec une pierre plus douce comme l'opale bleue ou l'angélite. La topaze bleue accompagne nos prises de position et a une énergie très pétillante, qui va vers l'avant. C'est aussi une belle pierre d'ouverture sur le monde !

Proposition : je te propose ici un exercice pratique pour affirmer haut et fort ce que tu as à dire. Tu peux préparer un texte, un discours, une note sur un sujet qui te tient à cœur. Cela peut être personnel ou professionnel. Écris simplement avec tes mots. Prends ensuite la topaze bleue dans ta main et connecte-toi à son énergie. Demande-lui par exemple de te donner de la force et de soutenir tes convictions. Mets-toi debout et commence par parler normalement, sois en suivant ce que tu as préparé soit en improvisant. Répète une deuxième fois un peu plus fort et distinctement. Recommence une troisième fois en parlant très fort comme si tu avais devant toi un très large public. Prends le temps de revenir à toi, note tes sensations et tes ressentis corporels durant cet exercice. La topaze pourra t'accompagner ainsi lorsque tu auras besoin de courage et de force de persuasion.

CYANITE

« J'harmonise mes idées et mes mots. »

Minéralogie : silicate d'aluminium – dureté : 4 à 7/10 – triclinique – métamorphique. On la trouve aussi sous l'appellation kyanite ou disthène.

Mots-clés : franchise – observation – détermination.

Propriétés : la cyanite a une énergie particulière à mi-chemin entre le chakra du 3e œil et celui de la gorge. Elle équilibre nos pensées quand celles-ci ont tendance à s'éparpiller. Une fois le calme revenu, elle nous accompagne pour retranscrire nos idées à travers la parole ou l'écriture. La cyanite a une énergie bien marquée qui permet de nous affirmer sans crainte du jugement des autres. Avec beaucoup de détermination, nous affirmons nos idées et montrons qui nous sommes. L'honnêteté et la vérité s'imposent alors comme une évidence pour nous-mêmes.

Proposition : pour changer un peu, voici un autosoin énergétique que tu peux faire sur le chakra de la gorge. Oui, c'est possible ! Commence par t'installer dans un endroit calme et assieds-toi confortablement, le dos droit, sur un siège. Respire et frotte tes mains l'une contre l'autre. Place ta main droite sur le devant de ta gorge et ta main gauche sur la nuque. Fais l'inverse si tu sens que ta main gauche est celle qui est la plus forte. Pense aux mots suivants : « courage », « vérité », « détermination » et inscris ceux qui font le plus écho en toi dans le chakra de la gorge. Prends ton temps et accueille toutes les sensations qui se présentent. Prends ensuite la cyanite que tu places dans la main qui est devant ta gorge et demande-lui force et soutien au niveau de la gorge. Respire et prends ton temps. Puis reviens ici et maintenant, remercie-toi et la pierre pour ce moment. Lave immédiatement et vigoureusement tes mains à l'eau froide et aère ta pièce (même s'il fait froid !). Ce micro-autosoin te permettra d'harmoniser ce chakra pour retrouver plus de fluidité. À refaire quand tu en ressens le besoin. Pense à purifier également ta pierre après cet exercice.

CHAKRA DU 3E ŒIL

APATITE BLEUE

« J'équilibre mental et intuition. »

Minéralogie : phosphate de calcium, fluor et chlore – dureté : 5/10 – hexagonale – principalement métamorphique.

Mots-clés : concentration – intuition – équilibre.

Propriétés : l'apatite a une énergie assez vive et rayonnante qui apporte beaucoup de concentration pour suivre nos objectifs et regarder droit devant soi. Elle équilibre la sphère du mental et de l'intuition. L'apatite nous ramène toujours dans le temps présent avec des idées claires et une intuition mesurée. Elle peut nous aider à nous souvenir de nos rêves. C'est une pierre complète qui soutient le développement du corps et du mental, elle convient tant aux ados qu'aux adultes.

Proposition : je te propose ici de tester ton équilibre mental/intuition avec l'apatite. Assieds-toi dans un endroit calme avec l'apatite près de toi. Ferme les yeux et respire quelques minutes en soulageant les tensions que tu peux ressentir. Prends une feuille et fais deux colonnes. Note en haut à droite le mot « mental ». Demande-toi ce que ton mental te dit, là, maintenant. Écris tout ce qu'il te dit sans essayer d'argumenter. Dans la colonne de gauche écris le mot « intuition ». Demande-toi ensuite ce que ton intuition a à te dire et écris ce qui vient. Sans jugements, note dans quelle colonne tu vois le plus de mots. Si un déséquilibre te semble apparaître, prends l'apatite dans tes mains et imagine son énergie t'envelopper d'une grande cape bleu foncé. Accueille sa force douce en toi. Imagine que son énergie se concentre dans le centre de ta tête et répète plusieurs fois : « J'équilibre mon mental et mon intuition. » Fais-le à ton rythme et quand tu sens que tes énergies sont plus harmonisées, tu peux reprendre tes activités normales. Tu peux refaire cet exercice aussi souvent que tu le souhaites.

AZURITE MALACHITE

« Mes idées suivent celles de mon cœur. »

Minéralogie : carbonate de cuivre – dureté : 3/10 – monoclinique – sédimentaire. Ne jamais la mettre en contact direct avec l'eau ou le sel.

Mots-clés : harmonie – paix – détente.

Propriétés : c'est une pierre particulière qui fait le lien entre le chakra du cœur et le chakra du 3e œil. Les émotions s'apaisent, les angoisses diminuent et l'on retrouve la tranquillité dans le cœur. Les pensées sont plus nettes, tout devient plus clair et le mental se met au ralenti. Cela donne une verticalité pour harmoniser nos idées avec notre cœur. C'est un profond sentiment de paix intérieure qui s'installe progressivement.

Proposition : tu peux ici t'installer dans une pièce et mettre une musique douce si tu en as envie. Allonge-toi sur un tapis de yoga (évite le lit pour ne pas t'endormir !) et prends 5 minutes pour toi. Prends de profondes inspirations et expirations, puis place l'azurite malachite dans ta main. Ressens tout ce qu'il se passe en toi, accueille tous tes ressentis, quels qu'ils soient. Laisse-toi porter par la musique (ou le silence) et laisse tes pensées aller là où elles le souhaitent pendant environ 30 secondes. Ne cherche pas à contrôler. Puis, avec bienveillance, regarde là où elles t'ont amené. Pose un sourire calme sur tes pensées et ramène-les dans l'instant présent, dans la pièce. Essaye maintenant pour quelques minutes de ramener tes pensées à ton corps, à ton cœur. Profite pleinement de chaque seconde avec ta pierre comme d'un moment unique. Sens ton esprit s'apaiser et ton cœur s'alléger. Tu peux faire cet exercice à n'importe quel moment de la journée. Pense à noter tes ressentis à chaque fois pour suivre ton évolution.

CRISTAL DE ROCHE

« J'observe calmement mes pensées. »

Minéralogie : dioxyde de silicium – dureté : 7/10 – rhomboédrique – magmatique.

Mots-clés : clarté – lucidité – soutien.

Propriétés : on trouve le cristal de roche sous de nombreuses formes dans la plupart des boutiques. C'est une pierre de « base » qui soutient l'énergie dans le corps. Elle dynamise et apporte de la lumière. Le cristal de roche est synonyme de clarté, lucidité, précision. On s'en sert comme support de méditation ou avec soi au quotidien. C'est une pierre qui affine notre intuition et permet de lever le voile sur certains sujets qui nous paraissent flous.

Proposition : tu te sens bloqué dans une situation ? Tu n'arrives plus à y voir clair ? Je te propose ici de te mettre debout face à un mur blanc avec le cristal de roche dans ta main. Ferme les yeux quelques instants, le temps de ramener le calme intérieur. Ouvre les yeux et imagine le film de tes pensées devant toi sur le mur. Tu es comme au cinéma et tu observes le film de ta pensée qui te préoccupe. Les scènes se déroulent et tu peux faire des pauses, des gros plans, tu peux revenir en arrière ou dézoomer. Analyse simplement ce que tu vois avec la présence d'esprit que t'apporte le cristal de roche. Dès que tu sens que quelque chose se débloque ou avance, serre encore plus fort ta pierre dans ta main et continue de faire le film. Quand tu estimes que c'est plus clair, prends le temps de te remercier pour ce moment et garde bien la pierre avec toi.

CHAKRA CORONAL

AMÉTRINE

«Je reprends ma place et mon indépendance.»

Minéralogie: dioxyde de silicium – dureté: 7/10 – rhomboédrique – magmatique.

Mots-clés: pleine conscience – autonomie – choix.

Propriétés: mélange naturel d'améthyste et de citrine, c'est une pierre joyeuse et pétillante. Nous retrouvons à la fois notre centre et la paix intérieure, notre pouvoir de décision et notre autonomie. C'est un lien entre le chakra du plexus solaire et le chakra coronal qui s'établit pour créer une belle harmonie naturelle. Force intérieure et force d'esprit ne font plus qu'un. L'amétrine soutient les choix que nous faisons en pleine conscience.

Proposition: pour cet exercice, je te propose de t'allonger quelques minutes dans une pièce calme. Pose l'amétrine à côté de toi et prends le temps de respirer à ton rythme. Puis dépose l'amétrine sur ton chakra du 3ᵉ œil (entre les deux yeux) et pose une main dessus. L'autre main est sur le plexus solaire, à peine au-dessus du nombril. Accueille toutes les sensations et émotions qui se présentent à toi. Reste ainsi quelques minutes et pense à bien respirer pour faire circuler l'énergie dans ton corps. Puis pose l'amétrine sur ton plexus solaire et inverse la place de tes mains. Ressens à nouveau tout ce qu'il se passe en toi sans jugements. Quand tu sens que c'est bon pour toi, ouvre les yeux et reviens ici et maintenant. Qu'as-tu ressenti ? As-tu eu des sensations particulières ? Quel message l'amétrine t'a-t-elle apporté ? Tu peux tout écrire dans ce cahier et refaire l'expérience plusieurs jours de suite. Pense à purifier ta pierre après cet exercice quelques minutes sous un filet d'eau.

PURPURITE

« J'apaise mes angoisses et retrouve mon pouvoir. »

Minéralogie : phosphate de manganèse – dureté 4/10 – orthorhombique – sédimentaire.

Mots-clés : apaisement – pouvoir – liberté.

Propriétés : peu connue en lithothérapie, c'est pourtant une pierre avec un beau potentiel. Sa teneur en manganèse entraîne immédiatement un profond soulagement et un sentiment de détente dans la tête et la poitrine. Les angoisses, les craintes profondes et les paniques peuvent être soulagées avec cette pierre en la tenant dans la main quelques minutes. C'est également une pierre qui ouvre l'esprit, nous libère de croyances limitantes et qui nous permet de retrouver nos pleins pouvoirs. Elle nous questionne sur notre notion de liberté individuelle et respect de celle des autres.

Proposition : prends un jeu de cartes oracle avec toi, celui qui t'appelle le plus. Commence par respirer quelques instants avec la purpurite dans la main, installe-toi bien et prends les cartes en main. Demande-toi : « Où en suis-je avec la notion de pouvoir ? En suis-je pleinement maître ? » Bats les cartes et tires-en trois.

La première t'indique là où tu en es en ce moment. C'est une indication et une invitation à la réflexion. Accueille ce message sans jugements ni critiques.

La deuxième carte t'indique pourquoi tu en es là en ce moment et son importance dans ta vie actuelle.

La dernière carte te donne des conseils pour retrouver ce pouvoir personnel.

Je t'invite à tout noter dans ton cahier et à réfléchir à comment mettre en place de nouvelles habitudes pour retrouver ta place et ton pouvoir personnel. Cet exercice peut se refaire dès que tu en ressens le besoin.

STICHTITE

« Ce chemin est le mien et c'est le bon. »

Minéralogie : carbonate de magnésium et chrome – dureté : 2/10 – rhomboédrique – métamorphique.

Mots-clés : transition – perspective – renouveau.

Propriétés : la stichtite libère nos peurs et apporte un bon réconfort, c'est une pierre tendre qui fait du bien. Son énergie est concentrée dans la tête, sur le chakra coronal et au-delà : elle favorise clairement les prises de conscience, elle accompagne les changements importants et nous aide à adoucir les périodes de transition. Changement de cap, nouveau cheminement personnel ou spirituel, la stichtite sera alors une alliée de taille. Avec plus de perspectives sur nous-mêmes et en boostant les nouvelles idées, c'est une pierre de renouveau !

Proposition : commence par t'installer sur un siège, le dos droit et détendu, respire quelques instants et prends la stichtite dans ta main. Imagine que son énergie remonte le long de tes bras jusqu'au chakra coronal, au sommet de la tête. Tu peux visualiser la couleur violette si tu le souhaites qui se diffuse dans toute ta tête et bien au-delà. Ferme les yeux et imagine de nouvelles perspectives dans ta vie, que ce soit sur un plan personnel, spirituel ou professionnel. Imagine-toi mettre en place de nouvelles choses, avec tes images et à ton rythme. Ressens tout le bénéfice que tu en retires. Ce peut être par exemple la joie de s'inscrire à un nouveau cours de méditation, le bien-être d'un nouveau travail ou encore la détente en planifiant tes futures vacances. Vois loin et sans limites. C'est ton moment et tout est permis. Dès que tu as fini cette visualisation, conserve en toi le plus longtemps possible cette énergie et note ce que tu peux faire pour concrétiser tes idées.

À PROPOS DE L'AUTEUR

Johann Chevillard est lithothérapeute, installé dans le Jura. Passionné de minéraux, il a suivi une formation complète avant d'en faire une pratique quotidienne depuis de nombreuses années. Il œuvre chaque jour pour faire de la lithothérapie une pratique vivante et accessible à tous. Il a à cœur de transmettre sa connaissance des pierres et des cristaux avec simplicité, sens pratique et humour. Il est l'auteur d'un livre, d'un oracle et de litho box, aux éditions Trédaniel.

www.heliodora.fr

johann_chevillard

Du même auteur

Mon petit oracle des cristaux,
Exergue, 2020.

S'ouvrir à l'énergie des pierres,
avec Isabelle Cerf,
Exergue, 2020.

Ma Litho Box
Avec Isabelle Cerf
Good Mood Dealer *by* Exergue, 2021.

À PROPOS DE L'ILLUSTRATRICE

Marie-Morgane, alias Marius Heureux, est une artiste et illustratrice bretonne qui puise dans ses racines bretonnes l'inspiration pour ses aquarelles où se côtoient légendes, mythes et poésie.

@mariusheureux
https://www.mariusheureux.com/

pca
cmb
édition pré-presse
livres numériques

44400 Rezé